www.ingramcontent.com/pod-product-compliance
Lightning Source LLC
Chambersburg PA
CBHW070428220526
45466CB00004B/1588
* 9 7 8 1 6 5 4 8 4 4 4 8 6 *